182.-/136.50

ab 8J.

Karna Sakya / Linda Griffith

DIE AFFENPRINZESSIN

Volkserzählungen aus Nepal

Illustrationen Pulak Biswas

Aus dem Englischen übertragen
von
Gertrud Paukner

Verlag St. Gabriel, Mödling — Wien

Der australische Originaltitel lautet:
Karna Sakya/Linda Griffith, TALES OF KATHMANDU,
Folktales from the Himalayan Kingdom of Nepal

Verlag HOUSE OF KATHMANDU, Toowong, Brisbane in the State of Queensland, Australien

© Copyright 1980 Linda Griffith

Aus dem Originalwerk wurden 15 Volkserzählungen ausgewählt und für den deutschen Sprachraum mit dem Titel
„Die Affenprinzessin" im Verlag St. Gabriel, Mödling — Wien, veröffentlicht.
Rechte der deutschen Übersetzung bei Verlag St. Gabriel, Mödling — Wien
Lizenzausgabe für Österreich, Deutschland und die Schweiz 1984

ISBN 3 85264 206 X
Printed in Austria 1984
by Druckerei St. Gabriel, A-2340 Mödling

Im fernen Nepal, am Fuß des Himalaja-Gebirges, erzählen die Menschen gerne Geschichten: Abends am Feuer daheim, aber auch auf den langen Wanderungen von Dorf zu Dorf.

15 solcher Volkserzählungen sind in diesem Band gesammelt. Es sind lustige oder ernste, manchmal auch widerborstige Geschichten von Tieren, Menschen und Göttern Nepals, von Dummen und Schlauen, von Mutigen und Feiglingen, von Schelmen und Taugenichtsen, von Edlen und Schurken. Sie zeigen nicht immer die Welt, wie sie sein soll, wo Gutes belohnt und Böses bestraft wird, sondern auch die Welt, wie sie ist: Auch Spitzbuben siegen (Seite 33), eine Frau will in ihrer Neugier sogar den Gatten opfern und wird hart bestraft (Seite 38) — und manchmal nützt weder Bitten noch Drängen, sondern erst die Drohung setzt sich durch.

Das sind keine „Anweisungen zum Nachmachen", sondern Anregungen für wache und kritische Leser jeden Alters, selber zu entscheiden, was gut und richtig wäre.

Die Umwelt dieser Geschichten mag uns zunächst fremd anmuten — aber nicht selten erkennen wir, daß die Menschen in verschiedenen Erdteilen gar nicht so verschieden sind: Sie haben ähnliche Vorzüge und Fehler, Wünsche und Sehnsüchte.

Warum der Fasan rote Augen hat

Es war einmal eine Fasanhenne, die lebte in einem dichten Wald. Sie wollte über alles gern hübsche kleine Kücken haben, um sie zu schönen, stolzen Jungfasanen zu erziehen. Darum wählte sie einen versteckten Brutplatz, wo sie sich vor jedem Räuber sicher glaubte. Dort legte sie ihre Eier und bebrütete sie geduldig, bis sie schlupfreif waren.

Ganz wie sie erwartet hatte, schlüpften winzige Kücken aus den Schalen. Die Fasanhenne war glücklich und stolz auf ihre reizenden Sprößlinge.

Eines Tages entdeckte ein diebischer Fuchs ihr Versteck und wollte Mutter und Kinder verschlingen. Da fiel der Fasanhenne eine List ein, sich und ihre Jungen vor dem grausamen Fuchs zu retten. Schmeichelnd sagte sie: „O Minister des Waldes, Ihr seid weithin bekannt als der Geschickteste und Klügste! Ihr wißt, meine Kinder sind noch so klein, daß sie kaum ein Mahl für Euch abgeben könnten. Warum wartet Ihr nicht, bis sie heranwachsen und schön fleischig werden?"

Eitel, wie er war, fühlte sich der Fuchs sehr geschmeichelt, als Minister angesprochen zu werden. Er ließ sich überzeugen, daß die Kücken noch zu klein waren, seinen Hunger zu stillen. Wenn er ein paar Wochen wartete, bis sie größer waren — was für eine leckere Mahlzeit würden sie dann sein!

So sagte er zur Fasanhenne: „Ich freue mich sehr, daß du mich als Minister des Waldes angesprochen hast. Aber warum bist du das einzige Tier, das mich so nennt?"

Die Fasanhenne erwiderte schlagfertig: „O Herr, bald wird Euch jeder mit diesem Titel anreden. Denn mit meiner schönen, lauten Stimme werde ich überall die Botschaft verkünden, daß Ihr der Minister des Waldes seid!"

Eifrig und voll Freude stimmte der Fuchs zu. Aber er warnte die Fasanhenne: „Falls die Tiere des Waldes mich nicht in wenigen Tagen Minister nennen, werde ich zurückkehren und euch alle fressen!"

Da brachte die Fasanhenne alle ihre Kücken zu einem anderen Versteck, denn sie wußte genau, der Fuchs würde zu ihrem alten Platz zurückkommen und sie töten wollen. Anstatt die Botschaft im Wald zu verkünden, bereitete sie ihre Rettung vor. Sie grub ein Loch in ihrem alten Versteck und füllte es lose mit einer großen Menge Vogelkot aus. Dann bedeckte sie es mit Gras und Zweigen.

Einstweilen wartete der Fuchs darauf, als Minister angesprochen zu werden, aber nicht einmal ein einziges Insekt erwies ihm diese Ehre. Da erkannte er, daß er getäuscht worden war, und er wurde wütend. Er kam zurück zum alten Fasanversteck, wo die Henne mit ausgebreiteten Flügeln saß, als hätte sie ihre Kücken darunter.

Der Fuchs wollte wissen: „Warum hast du dein Versprechen nicht gehalten?"

Da antwortete die Fasanhenne: „Ihr seid ein Narr! Warum sollten die anderen Euch Minister nennen?"

Dieser unerwartete Mut erstaunte den Fuchs. Voll Zorn knurrte er und sprang die Fasanhenne an, aber sie flog schnell auf einen Ast. Der Fuchs landete unsanft auf dem verdeckten Loch und versank zur Hälfte in dem locker geschichteten Vogelkot.

7

Da lachte die Fasanhenne laut über die Not des Fuchses. Er scharrte und zappelte, aber dadurch sank er nur noch tiefer ein. Die Fasanhenne konnte gar nicht aufhören, über ihre gelungene List zu lachen. Dabei liefen ihr die Tränen über das Gesicht. Von den Tränen wurden ihre Augen für immer rot — und bis heute hat jeder Fasan rote Augen.

Eselstränen bringen Regen

Inmitten eines Waldes lag ein schöner Teich. Er diente Vögeln und anderen Tieren als Wasserstelle. Frösche und Kröten, Wildgänse und Sumpfhühner schwammen in ihm. Büffel und Nashörner wälzten sich im Uferschlamm, und sogar Tiger und Löwen kamen, um sein klares Wasser zu trinken.

Einmal im Sommer brach eine ungeheure Hitze und Trockenheit aus. Ströme und Flüsse versiegten, aber die Tiere im Wald bemerkten noch nichts davon. Allmählich sank auch der Wasserspiegel des Teiches, denn viele Tiere tranken aus ihm, und viel Wasser verdunstete in der Hitze.

Eines Morgens erschien eine Schar Wildgänse, um zu schwimmen, aber zu ihrer Überraschung landeten sie in einem Sumpf. Sie konnten gar nicht glauben, daß der Teich ausgetrocknet war. Vor kurzer Zeit hatte er doch noch genug Wasser gehabt! Sie suchten, ob etwa ein Rinnsal das Wasser verschluckt habe.

Da sahen sie am anderen Ufer einen Esel, der sein Maul ins Naß tauchte. Das mißfiel ihnen sehr.

Laut und empört gackerten sie einander zu: „Schaut doch den Säufer von einem Esel an, er trinkt den ganzen Teich leer!"

Der Lärm am frühen Morgen weckte die Frösche und die Kröten. Sie hoben ihre Köpfe aus dem Schlamm und fragten: „Warum schreit ihr denn?"

Eine Gans klagte: „Schaut doch den Esel an! Er hat alles Wasser im Teich ausgetrunken!"

Die Frösche blickten rundum und quakten ärgerlich: „Ja,

wirklich! Gestern noch war für uns genug Wasser zum Schwimmen in diesem Teich. Und jetzt ist er fast verschlammt."

Mittlerweile kamen ein paar Büffel, um sich zu suhlen. Die anderen Tiere riefen: „Nein, Brüder Büffel! Es gibt kein Wasser im Teich, weil dieser Esel alles ausgetrunken hat!"

Während sie redeten, kamen noch viele andere Tiere zum Teich, um zu trinken. Auch der Baumlöwe, der Herrscher über alle, war dabei. Die aufgebrachten Tiere beklagten sich beim Löwen: „Hoher Herr, dieser dumme Esel hat den ganzen Teich leergetrunken! Wie sollen wir ohne Wasser überleben?"

Der Löwe konnte nicht glauben, daß der Esel so viel Wasser hatte trinken können. Er fragte die Gänse: „Seid ihr sicher, daß der Esel all das Wasser getrunken hat?"

Höflich antwortete eine Gans: „Gewiß, Eure Majestät, denn als wir letzthin hier gewesen sind, war der Teich voll Wasser!"

Und die Frösche unterstützten die Gänse: „Freilich, wir erinnern uns genau: In der vergangenen Nacht sind wir noch im Teich geschwommen — und jetzt, am Morgen, ist kein Wasser mehr da!"

Alle Tiere stimmten ein: „Ja, ganz gewiß, dieser Esel hat das Wasser getrunken. Schaut nur hin, er trinkt ja noch immer!"

Der Löwe fand, daß sie recht hatten, und beschloß, den Esel zu bestrafen. Er ging mit seinem Gefolge ans andere Ufer zum Esel. Der aber bemerkte nicht, was vorging. Er mühte sich noch immer, genug Wasser aus dem fast vertrockneten, schlammigen Teich zu schlürfen. Da sah er mit Schrecken den Herrscher des Waldes mit hunderten Tieren auf sich zukommen.

Der Löwe schüttelte seine Mähne und brüllte: „Wie kannst du es wagen, all das Wasser aus dem Teich zu trinken?"

Betroffen verteidigte sich der arme Esel: „Nein, gnädigster Herr, nicht ich habe das ganze Wasser getrunken. Heute morgen, als ich herkam, um zu trinken, war der Teich beinahe leer. Ich habe nur versucht, meine trockene, dürstende Zunge zu befeuchten." Zitternd kniete er nieder und flehte: „Bitte, seid gnädig mit mir. Ich bin nicht schuldig!"

Aber die Schar der Tiere war erbost über die vermeintliche Ausrede. „Der Esel lügt! Er hat die härteste Strafe verdient. Er muß hingerichtet werden!" riefen sie.

Der Esel sah voll Verzweiflung sein Ende kommen. Noch dazu sollte er für ein Verbrechen bestraft werden, das er gar nicht begangen hatte! Den Tod vor Augen, begann er zu weinen, und Tränen flossen aus seinen Augen.

Da erbarmte sich Indra, der Himmelsgott, des Esels. Mit einem Pfeilschuß sandte er einen Regenguß zur Erde. Wasser strömte herab und füllte bald den ganzen Teich. Alle Tiere waren froh, daß keines von ihnen verdursten mußte. Und der Löwe entschloß sich, das Leben des Esels zu schonen.

Seither glauben viele Menschen, daß Eselstränen Regen bringen.

Die Geschichte vom Goldfasan

Vor langer, langer Zeit lebte in der Stadt ein sehr geiziger Mann. In jeder Minute seines Tages dachte er nur daran, wie er zu noch mehr Reichtum kommen könnte. Er verlieh Geld an die Leute und verlangte so hohe Zinsen dafür, daß die Schuldner ihm das Geborgte nicht zurückzahlen konnten. Sie mußten dem Geizhals sogar ihren ganzen Besitz überschreiben.

Durch das Geldverleihen häufte er ein so großes Vermögen an, daß er schließlich nicht mehr wußte, wo er es aufbewahren sollte. Weil er niemandem vertraute, ging er in den Dschungel und vergrub seine Schätze, wo kein Mensch sie vermuten konnte. Wenn die Stadtleute Geld brauchten, kamen sie freilich weiterhin zu ihm, denn er war der einzige Mann in der Stadt, der genug Geld zu verleihen hatte.

Nach und nach wurde er so unbeliebt, daß sein Ruf sogar Indra, dem höchsten der Götter, zu Ohren drang. Indra beschloß, den Geizhals zu bestrafen. Er sandte tage- und nächtelang schwere Regenfälle über das Land. Da kam eine große Flut mit vielen Erdrutschen und Überschwemmungen. Während dieses Unheils wurden auch die Ländereien überflutet, auf denen der Geizhals seine Reichtümer vergraben hatte. Schlammige Muren bedeckten Wiesen und Felder.

Das Land war nicht mehr zu erkennen.

Verzweifelt rannte der Geizhals von einem Ort zum andern; überall begann er zu graben, um seine Schätze zu bergen, und schrie: „Kata lukayo? Kata lukayo?" („Wo hab' ich's versteckt?

Wo hab' ich's versteckt?") Aber er konnte nichts finden. Jeden Vorübergehenden flehte er an: „Hilf mir doch suchen! Hilf mir!"

Aber niemand rührte auch nur einen Finger, um ihm zu helfen. Er verbrachte den Rest seines Lebens damit, nach seinen Schätzen zu suchen und zu schreien: „Kata lukayo? Kata lukayo?"

Als er starb, wurde ihm wegen seiner vielen Übeltaten verweigert, als Mensch wiedergeboren zu werden. Er wurde als Goldfasan wiedergeboren — und bis zum heutigen Tag kann man seine Stimme hören, wenn er von Ort zu Ort hüpft und „Kata lukayo" schreit.

Die Affenprinzessin

Es war einmal ein König, der hatte sieben Söhne. Alle waren Meister im Bogenschießen. Eines Tages befahl der König, jeder solle einen Pfeil abschießen. Und die Töchter aus den Häusern, auf die die Pfeile fallen würden, sollten Bräute für die sieben Söhne werden.

Die Pfeile der sechs älteren Söhne fielen auf die Häuser angesehener Familien. Aber der Pfeil des Jüngsten traf eine Baumkrone. Aus ihr sprang eine Äffin.

Der König wußte nicht, was er tun sollte. Aber sein jüngster Sohn erklärte ihm: „Das ist mein Schicksal. Es ist mir eben vorherbestimmt, eine Äffin zu heiraten."

Nach den Hochzeitsfeiern wies der König jedem seiner sieben Söhne einen eigenen Palast zu, und nach einem alten Brauch luden bald danach die jungen Paare den König und ihre Verwandten zu einem Festessen in ihr neues Heim.

Als der jüngste Sohn an der Reihe war, überlegte er, was er tun solle. Seiner Frau, der Äffin, tat er leid, und sie sagte höflich: „Mein geliebter Gatte, bitte, kränke dich nicht! Alles wird in Ordnung kommen. Nimm diesen Brief und stecke ihn in das Loch in jenem Baum, aus dessen Krone ich gesprungen bin."

Der Prinz erfüllte ihren Wunsch. Als er heimkehrte, war er überrascht, wie sehr sich die Einrichtung seines Hauses verändert hatte. Alles war so schön und prächtig, daß er im ersten Augenblick gar nicht wußte, ob es sein Haus war.

In den Gemächern begrüßte ihn eine wunderschöne junge Frau.

Sie sagte: „Sei nicht erstaunt; ich bin deine Frau! In Wahrheit bin ich keine Äffin, sondern eine Prinzessin, die durch einen bösen Zauber in eine Äffin verwandelt wurde."

Der Prinz war überglücklich, und beide gaben ein großartiges Fest für die ganze Verwandtschaft. Auch der König fand, dieses Fest sei seit langem das schönste, und er bewunderte die junge Frau sehr.

Nun waren alle glücklich — nur die sechs Brüder nicht. Auf ihre neugierigen Fragen erzählte ihnen der jüngste Bruder, wie seine Gattin sich aus einer Äffin in eine schöne junge Frau verwandelt hatte. Da riefen sie: „Deine Frau hat gewiß ihre Affenhaut irgendwo versteckt. Du mußt sie finden und verbrennen, damit deine Prinzessin für immer schön bleibt!"

Arglos vertraute der Jüngste dem Rat seiner Brüder. Ohne seine Frau zu fragen, stand er um Mitternacht auf, fand die Haut und verbrannte sie.

Da hörte er plötzlich einen Schreckensschrei seiner Frau. Ihr ganzer Körper stand in Flammen. Brennend stürzte sie hinaus und verschwand im Dschungel.

Der arme Prinz war entsetzt über die unerwartete Wendung seines Glücks. Er trauerte um seine Frau und verließ den Palast, um sie zu suchen.

Auf seiner Wanderung traf er Einsiedler und weise Männer. Als sie die traurige Geschichte des Prinzen hörten, hatten sie Mitleid mit ihm und boten ihm Geschenke an: eine Tarnkappe, die ihn unsichtbar machte, Holzsandalen, mit denen er fliegen konnte, und einen Stock, mit dem er alles nach seinem Willen zu lenken vermochte, was er berührte.

Schließlich traf der Prinz noch einen Einsiedler, der tief im Dschungel saß und betete. Er fragte den frommen Mann,

16

ob dieser etwa eine Prinzessin gesehen habe. Der Einsiedler antwortete: „Nach dem dummen Rat deiner Brüder hast du sie beinahe verbrannt. Nun ist sie krank; ihr Vater sorgt in seinem Palast für sie." Dann wies der Einsiedler dem Prinzen den Weg und gab ihm eine heilende Salbe für seine Gattin.

Jetzt wußte der Prinz, wo seine Frau war, und er legte eilig die hölzernen Sandalen an. Er zweifelte, ob sein Schwiegervater ihn willkommen heißen würde — war doch er schuld an den schweren Verletzungen der Prinzessin. Zunächst verkleidete er sich als Einsiedler, dann setzte er seine Tarnkappe auf und besuchte ungesehen jedes Haus in der Gegend. So erfuhr er alle Geheimnisse. Wenn er den Leuten später ohne Tarnkappe als Einsiedler gegenübertrat, erzählte er ihnen alle Einzelheiten, die er mitangesehen und gehört hatte, und gab ihnen gute Ratschläge.

Bald waren sein Wissen und seine geheimen Kräfte weithin bekannt.

Auch der König erfuhr davon. Er beschloß, den fremden Einsiedler zu bitten, er solle seine Tochter behandeln. Er ließ ihn in den Palast rufen.

Die Prinzessin erkannte den Fremden sogleich. Sie war glücklich über das Wiedersehen und ließ sich willig von ihm behandeln. Der Einsiedler rieb die Heilsalbe in die Haut der Prinzessin, und sie wurde gesund.

Der König war hochzufrieden mit dem Fremden und versprach, ihm jeden Wunsch zu erfüllen. Da erbat der Einsiedlerprinz die Königstochter als Belohnung. Über diese Keckheit wurde der König zornig. Er hatte ja den Fremden nicht erkannt. Anstatt ihn zu belohnen, befahl der König den Soldaten, ihn gefangenzusetzen. Da flüsterte der Einsiedlerprinz seinem Stock zu, jeden Palastbewohner außer der Prinzessin zu schlagen. Der

18

Stock gehorchte und schlug sogar den König. Nun war dieser gezwungen, den Wunsch des Fremden zu erfüllen. Erst jetzt erfuhr der König, daß der Einsiedler sein Schwiegersohn war. Er übergab dem Prinzen seine Tochter und verabschiedete die beiden freundlich. Prinz und Prinzessin kehrten in ihr Königreich zurück und lebten dort glücklich viele, viele Jahre lang.

Der Fuchs, der den Priester rettete

Es war einmal ein gütiger Brahmanenpriester. Er verbrachte seine Zeit mit Gottesdienst und Gebet für die Einwohner der Dörfer in der Umgebung. Was er damit verdiente, reichte gerade für ein bescheidenes tägliches Mahl.

Eines Tages war er eingeladen, eine Feier in einem entlegenen Dorf zu halten. Auf dem Weg dorthin mußte er einen Wald durchwandern. Als er ein Stück weit gegangen war, erblickte er einen Tiger in einem Fallenkäfig. Der Tiger bat höflich: „O lieber Hochgelehrter! Bitte geht nicht vorbei; kommt her und befreit mich aus diesem Käfig!"

Der Brahmane erschrak, als er das wilde Tier erblickte. Er war gutherzig und hielt es für seine Pflicht, ein gefangenes Geschöpf zu befreien. Was aber würde der Tiger tun? Vorsichtig fragte der Brahmane: „Wie kann ich dich freilassen? Wenn ich es tue, wirst du mich sofort fressen!"

Der Tiger schwor bei Gott und rief: „Wie könnte ich den Menschen angreifen, der mir das Leben gerettet hat!" Da vertraute der gütige Brahmane dem Tiger und ließ ihn frei.

Jedoch der Tiger war seit vielen Tagen in der Falle gesessen, und der Hunger plagte ihn. Er konnte der Verlockung nicht widerstehen: warmes Fleisch, frisches Blut — eine köstliche Beute! Er vergaß sein Versprechen, leckte sich die Lefzen und sagte: „Du dummer Brahmane! Wie konntest du einem ausgehungerten Tiger vertrauen? Ich muß dich einfach fressen — du warst mir zum Fraß bestimmt!"

Da erkannte der Brahmane seinen Fehler. Es war gewiß

vergeblich, mit dem hungrigen Tiger ein tiefgründiges Gespräch zu beginnen. Also schlug der Priester vor: „Nun gut, du kannst mich fressen. Aber vorher wollen wir den Baum dort fragen, was er von deiner Entscheidung hält."

Der Tiger war einverstanden, und jeder der beiden erzählte dem Baum seine Fassung der Geschichte. Der Baum nahm sogleich für den Tiger Partei und klagte: „Die Menschen sind so undankbar! Ich gebe ihnen Schatten gegen die Sonne und Schutz vor Regen, aber sie hauen mich um, hacken mich in Stücke und verbrennen mich. Ich meine, du sollst den Menschen fressen, weil er deine Nahrung ist."

Der bestürzte Brahmane sprach dagegen: „Wenn ich dir schon so sehr geholfen habe, solltest du mich nicht so schnell verschlingen. Laß uns hinübergehen und den Esel, der dort grast, um seine Meinung fragen."

Ohne Zögern gab der Esel dem Tiger recht. Er sagte: „Auch ich habe keinerlei Hochachtung vor den Menschen. Schau meinen elenden Zustand an: Als ich jung war, beuteten sie mich aus, soviel sie konnten. Jetzt bin ich alt, darum haben sie mich verstoßen. Ich bin ganz hilflos."

Da verlor der Brahmane alle Hoffnung und wollte sich dem Tiger ergeben, als er einen Fuchs näherkommen sah. Er bat den Tiger noch einmal: „Wenn du schon so geduldig gewartet hast, laß uns noch den Fuchs um seine Meinung fragen. Wenn er dir recht gibt, kannst du mich sofort auffressen."

Der Tiger erfüllte dem Brahmanen diesen Wunsch. Beide berichteten noch einmal die ganze Geschichte. Der Fuchs lauschte immer aufmerksamer. Dann bemerkte er nachdenklich: „Ihr beide scherzt wohl! Wie könnte der König des Dschungels in einem Käfig gefangen werden?" Mit Unbehagen versicherte ihm der Tiger, daß der Vorfall wahr sei. Aber der Fuchs erwiderte: „Ich kann es nicht glauben, wenn ich nicht den Fallenkäfig mit meinen eigenen Augen sehe!"

Die drei gingen bergauf zu dem Käfig. Auch jetzt zweifelte

22

der Fuchs und sagte: „Ein so großer Tiger wie du kann doch niemals in diesen engen Käfig passen!" Der Tiger murrte: „Doch, ich war wirklich in diesem Käfig gefangen!"

Ungläubig grinste der Fuchs: „Laß mich doch sehen, ob du darin Platz hast!"

Da sprang der dumme Tiger behend in den Käfig und rief: „Nun siehst du's! Genauso war ich gefangen."

Im Nu schob der schlaue Fuchs den Riegel vor und sperrte den Tiger zum zweitenmal ein. Dann wandte er sich an den Brahmanen und sagte spöttisch: „Man sollte annehmen, daß Ihr ein weiser Mann seid — und trotzdem habt Ihr nicht erkannt, daß man einem hungrigen Tiger nicht trauen darf."

Der schlaue Schakal

Es war einmal ein sehr schlauer Schakal. Anstatt seine Beute im Dschungel zu fangen, holte er die Hühner aus den Höfen. Er hielt sich immer in der Nähe der Dörfer auf und lauerte auf eine Gelegenheit, seine Beute zu stehlen. Auf diese Art lernte er alles kennen, was im Dorf geschah.

Er entdeckte eine List, wie er junge Hühner aus den Höfen stehlen konnte. Immer, wenn er hungrig war, heulte er mit menschenähnlicher Stimme aus seinem Lager: „Chil ayo! Chil ayo!" („Raubvögel kommen! Raubvögel kommen!")

Die Dorfleute bekamen Angst um ihre Kücken, schauten hinauf zum Himmel und spähten vergebens nach Raubvögeln. Einstweilen schlich der Schakal in den Hof, schnappte ein Kücken und machte sich davon.

Allmählich wurden die Dörfler argwöhnisch: Immer mehr Kücken verschwanden aus Höfen und Ställen, aber nie stieß ein Raubvogel nieder. Und doch hörten sie jeden Tag den Ruf: „Raubvögel kommen! Raubvögel kommen!" Irgend jemand mußte ihnen einen Streich spielen. Sie beschlossen, wenn wieder der Ruf ertönen sollte, nur zum Schein einen Blick zum Himmel zu werfen, in Wirklichkeit aber auf ihre Kücken zu achten.

Bald darauf rief der Schakal wieder „Chil ayo! Chil ayo!" und kam nichtsahnend aus seinem Lager. An die Wachsamkeit der Dorfbewohner dachte er nicht. Gerade als er wieder ein Kücken schnappen wollte, sprangen die Dörfler auf ihn los. Sie waren sehr froh, daß sie endlich den Dieb erwischten, der ihnen so viele Kücken geraubt hatte.

Voll Zorn beschlossen sie, den Schakal grausam zu bestrafen. Sie banden ein Seil um seinen Hals und zogen ihn eine steinige, harte Straße entlang. Alle Dorfleute traten freudig vor ihre Häuser, um die furchtbare Bestrafung mitanzusehen. Aber während der schlaue Schakal die Straße entlanggeschleppt wurde, überraschte er die Menschen mit den Worten: „O wie herrlich, meine Haut hat mich so sehr gejuckt, da tut das Kratzen richtig wohl! Bitte, zieht mich zu einem noch steinigeren Platz!"

Die Dörfler konnten das gar nicht glauben. Je mehr sie den Schakal umherschleppten, desto fröhlicher schien er. Weil sie seine List nicht erkannten, änderten sie ihre Absicht und zogen ihn über das Gras. Der Schakal kicherte in sich hinein und tat, als ob er gequält würde. Er schrie und bat die Dörfler, ihn auf die rauhe Straße zu schleppen. Aber die Leute weigerten sich.

Schließlich wurden sie es müde, ihn über das Gras zu ziehen, aber ihr Rachedurst war noch nicht gestillt. Sie hängten ihn an den Ast eines Baumes und befestigten einen Zettel an seiner Stirn, darauf stand: Wer hier vorbeikommt, soll diesem diebischen Schakal einen Fußtritt geben!

Vorübergehende stießen ihn mit den Füßen hin und her. Der Schakal wurde immer magerer und sah schon seinen Tod kommen.

Aber zu seinem Glück trottete ein einfältiger Bär vorbei. Der war sehr erstaunt, als er den Schakal an einem Ast pendeln sah. Der Bär fragte: „Was treibst du denn da?“ Obgleich der Schakal schon halb bewußtlos war, kam ihm ein Einfall. Er sagte zum Bären: „Geh deines Weges und laß mir mein Vergnügen!“

Da bat der neugierige Bär eifrig: „Laß mich doch bei deinem Spiel mittun!“ Bereitwillig stimmte der Schakal zu: „Versuch es doch, vielleicht macht es dir Spaß!“ Der Bär befreite ihn, der Schakal aber band den Bären fest an den Ast und murmelte zu sich: „Jetzt bist du an der Reihe, gestoßen zu werden!“

Dann lief er davon, so eilig er konnte, aber er war schon sehr hungrig und geschwächt. Auf seinem Weg kam er an einem toten Elefanten vorbei. Das wäre eine gute Beute gewesen, aber der Schakal war schon so entkräftet, daß er die dicke Elefantenhaut nicht durchbeißen konnte. Da begann es zu regnen, und der tote Elefant wurde durchnäßt, sodaß sich seine hintere Hälfte aufblähte. Der Schakal konnte leicht hineinschlüpfen und die Eingeweide fressen. In seiner Gier wollte er so schnell nicht wieder hinaus, sondern fraß, bis er nicht mehr konnte.

Nach kurzer Zeit schien wieder die Sonne. Die Wärme trocknete die Elefantenhaut aus, und die Hinteröffnung zog sich zusammen, bis sie zu eng war für den Rückzug des Schakals. Voll Entsetzen kratzte er fieberhaft an der Innenseite.

Da kam Mahadeva, der Herr der Welt, mit Parvati, seiner Gemahlin. Mahadeva hörte das kratzende Geräusch und fragte: „Wer ist da drinnen?“ Der schlaue Schakal fragte zurück: „Wer fragt mich da, wer ich bin?“ Als er hörte, es sei Mahadeva, behauptete er keck: „Ich selber bin Mahadeva!“ Ein Wortgefecht folgte, und schließlich forderte der Schakal: „Wenn du da draußen der echte Mahadeva bist, mußt du Regen machen können!“

27

Mahadeva erfaßte die List des Schakals nicht und sandte einen schweren Platzregen hernieder. Die Öffnung in der Elefantenhaut dehnte sich, wie der Schakal gehofft hatte, und ohne Zögern sprang er heraus und verschwand im Dschungel.

Mahadeva, der Herr, war beschämt, daß ein kleiner Schakal ihn vor seiner Gattin überlistet hatte. Er rannte dem Tier nach, aber es war zu flink. Da formte Mahadeva aus Kautschuk und Leim eine Puppe mit der Gestalt eines Kindes und gab ihr Süßigkeiten in die Hand. Er wartete, daß der Schakal kommen und in die Falle tappen würde.

Wie Mahadeva gehofft hatte, erschien der gierige Schakal. Ihm wurde das Maul wäßrig beim Anblick der köstlich aussehenden Süßigkeiten. Er forderte: „Gib mir die Süßigkeiten, Kind, sonst schlage ich zu!" Doch wie konnte eine Puppe antworten? Sie regte sich nicht. Da schlug der zornige Schakal die Puppe, wie er angedroht hatte. Aber seine Pfote blieb nur an Gummi und etwas Leim kleben. Noch zorniger brüllte er: „Glaubst du, ich habe keine andere Pfote mehr, dich zu schlagen?" Als aber auch die zweite Pfote kleben blieb, benützte er ein Hinterbein und dann das andere, ehe er begriff, daß er mit allen vieren an der Puppe klebte und gefangen war.

Mahadeva, der Herr der Erde, erschien. Er wollte den schlauen Schakal töten, aber Parvati, die immer Mitleidige, bat für ihn. Da entschloß sich Mahadeva, das Tier zu schonen. Von diesem Tag an betrog der schlaue Schakal niemanden mehr.

28

Die Hochzeit des Rattenjünglings

Vor langer Zeit lebte eine Frau mit vier Söhnen. Der jüngste war eine Ratte. Als die Söhne herangewachsen waren, heirateten die drei älteren, aber kein Mädchen im Dorf wollte den Rattenjüngling zum Mann. Da wurden die Mutter und die älteren Brüder sehr traurig. Die Söhne beschlossen, mit dem Rattenjüngling eine Reise zu machen, um eine Braut für ihn zu suchen.

Während ihrer langen Wanderung kamen sie zu einem Einsiedler. Der saß mitten im Dschungel und betete. Er lud sie ein, in seiner Hütte zu übernachten. Nachdem er ihnen ein Abendessen und Schlafplätze bereitet hatte, fragte er nach dem Grund ihrer Reise. „Wir suchen eine Braut für unseren jüngsten Bruder", sagten die älteren Brüder. Da gab ihnen der Einsiedler einen Rat. „Gar nicht weit von hier lebt eine Riesin mit ihrer wunderschönen Tochter. Bei ihr solltet ihr es versuchen! Bis jetzt hat sich kein Freier für das Mädchen gefunden, denn alle haben Angst vor ihrer Mutter."

Die Brüder waren froh über diese Möglichkeit. Auch der Rattenjüngling schöpfte wieder Hoffnung. Sie blieben nicht über Nacht, sondern machten sich gleich auf die Suche nach der Riesin und ihrer Tochter.

Den ganzen Tag wanderten sie, und es war Mitternacht, als sie bei der Behausung der Riesin ankamen. Sie klopften am Tor.

Als die Riesin öffnete, freute sie sich, die jungen Männer zu sehen. Sie bat die müden Wanderer ins Haus, trug ihnen eine köstliche Mahlzeit auf und bereitete ihnen ein Nachtlager. Den drei älteren Brüdern schlug sie ein Lager im Zimmer auf, aber der

Rattenjüngling erhielt seinen Ruheplatz in einem finsteren Loch.

Die Riesin plante heimlich, die drei älteren Brüder zu fressen, sobald es im ganzen Haus ruhig sein würde. Als ihre Gäste eingeschlafen waren, stand sie auf und begann die Messer zu schleifen. Der Rattenjüngling beobachtete sie aus seinem Loch und erkannte ihre böse Absicht. Zum Schein fragte er die Riesin, warum sie in der Nacht arbeite. Sie wurde sehr verlegen, stellte sich freundlich und sagte: „O mein kleiner Liebling, bist du noch nicht zu Bett gegangen? Es ist schon spät!"

Der Rattenjüngling antwortete: „O nein! Bevor ich schlafengehe, gibt mir meine Mutter immer etwas Süßes zum Knabbern. Erst wenn ich etwas Süßes bekommen habe, kann ich einschlafen."

Die Riesin bereitete schnell ein paar Süßigkeiten zu, um den Jungen zur Ruhe zu bringen und ihr grausames Vorhaben ausführen zu können. Sie riet ihm, schnell zu essen und dann schlafenzugehen.

Später kam der Rattenjüngling noch einmal und bat: „Ich möchte ein bißchen Brot — genauso geröstet, wie meine Mutter es macht!" Die Riesin brachte ihm eine geröstete Brotschnitte und befahl ihm, schon ein wenig ärgerlich, schnell einzuschlafen.

Diesmal stellte sich der Rattenjüngling schlafend. Aber er wurde hellwach, als die Riesin wieder ihre Messer zu wetzen begann. Wieder fragte er: „Was tut Ihr denn so spät in der Nacht?" Zornig fuhr ihn die Riesin an: „Was willst du denn jetzt schon wieder?" Der Rattenjüngling antwortete in kindlichem Ton: „Immer wenn ich nicht schlafen kann, spielt meine Mutter ‚Hochzeit' für mich und läßt die Zimbeln klingen."

Da entschloß sich die ungeduldige Riesin, ihre schöne Tochter zum Schein mit dem Rattenjüngling zu verheiraten, rief das Mädchen herbei und begann die Zimbeln zu spielen.

Davon wurden alle wach und waren überzeugt, daß die Vermählung schon begonnen habe. Der Riesin blieb nichts anderes übrig, als die Hochzeitsfeier zwischen dem Rattenjüngling und ihrer Tochter fortzusetzen.

Die Nacht war zu Ende, und die Sonne ging auf. Die Riesin beschloß, bis zur folgenden Nacht zu warten und die drei Brüder erst zu fressen, wenn alles im Hause in tiefem Schlaf läge.

Als die Hochzeitsfeier beendet war, verriet der Rattenjüngling seinen Brüdern die Absicht der Riesin. In einem unbewachten Augenblick liefen alle vier davon und nahmen die Tochter der Riesin mit.

Als sie daheim ankamen, freute sich die Mutter sehr über die Heirat ihres klugen Jüngsten und hörte mit Vergnügen die Geschichte, wie er seine Brüder aus der Gewalt der Riesin befreit hatte.

Der Fuchs und der Bettler

Es lebte einmal ein Bettler, der war mit einem Fuchs befreundet. Der Bettler bekam oft Reis und Korn von den Bauern, und der Fuchs stahl manchmal junge Hühner. Dann hielten die beiden miteinander ein herrliches Festmahl.

Der Bettler war ein sehr einfältiger Mann, und der Fuchs half ihm in vielen Dingen. Eines Tages beschloß der Fuchs, seinen Freund zu verheiraten. Aber er fand keinen Mann, der einem so armen Bettler seine Tochter zur Frau geben wollte. Und wenn der Fuchs nicht eine List erfunden hätte, wäre sein einfältiger Freund nie imstande gewesen zu heiraten.

Der Fuchs ging zum Königspalast und legte sich in der Mitte der Auffahrt nieder. Als der König angefahren kam, befahl er, Platz zu machen. Der schlaue Fuchs aber sagte zum König: „Sofort werde ich Platz machen, wenn Ihr mir eine Bitte erfüllt."

„Was du wünschst, sollst du erhalten", versicherte ihm der König. Der Fuchs ließ ihn dreimal schwören, dann sagte er: „Ich will die Hand Eurer Tochter."

Darüber wurde der König sehr unmutig — aber er hatte geschworen und konnte die Bitte nicht mehr ablehnen. So stimmte er widerwillig zu: „Du mußt aber ein großes Fest veranstalten und einen Hochzeitszug von mindestens 1600 Menschen zum Palast bringen!"

Insgeheim war der König überzeugt, daß dies unmöglich wäre. Er hoffte dadurch seiner Tochter diese Heirat zu ersparen.

Der Fuchs aber lief zu seinem Bettlerfreund und berichtete ihm alles. Er brachte ihm prächtige Kleider und überredete ihn,

sich für die Hochzeit mit der Königstochter feinzumachen. Der Bettler erschrak zwar, aber er tat sein Bestes, und beide brachen auf zum Palast.

Die größte Sorge des Fuchses war, 1600 Leute für den Hochzeitszug zusammenzubringen. Aber auch dafür entwarf er einen Plan. Unterwegs trafen die beiden Freunde eine Gruppe von Menschen, die im Fluß badeten. Eilig stahl der Fuchs ihre Kleider, die am Ufer lagen, und warf sie ins Wasser. Sogleich trug die Strömung die Kleider davon, und die Badenden mußten ihnen nachschwimmen. Unterdessen sammelte der Fuchs am Ufer die Kappen ein. Der Bettler sah zu. Er begriff nicht, was sein Freund vorhatte.

Als die beiden sich dem Palast näherten, mußten sie eine dichte Bambushecke durchqueren. Der Fuchs legte Feuer an die Hecke, und als die Flammen hochschlugen, knackte und knisterte es.

Der König bemerkte von seinem Fenster aus den Lärm. Das ferne Knistern und der Feuerschein brachten ihn auf den Gedanken, der Fuchs habe wirklich einen großen Hochzeitszug zusammengebracht, der sich mit Feuerwerk und Lärm dem Palast nähere.

Als der König nur den Fuchs und den Bräutigam am Tor erblickte, fragte er verwundert: „Was ist mit dem Hochzeitszug geschehen?"

Der Fuchs klagte: „Dieser Mann, unser Prinz, hat 1600 Leute zur Hochzeit geladen, aber alle sind unterwegs im Fluß ertrunken. Nur mit Mühe haben wir unser eigenes Leben gerettet, keinen einzigen konnten wir ans Ufer ziehen! Nur die Kappen von 16 oder 17 Leuten haben wir als Beweis mitgebracht."

Der arglose König glaubte dem Fuchs die Geschichte. Und weil er den Bettler für einen Prinzen hielt, gab er ihm freudig seine Tochter zur Braut. Er war erleichtert, denn er hatte anfangs gedacht, der Fuchs selber wolle seine Tochter heiraten.

„Ich bin verantwortlich für den Verlauf des Festes", erklärte der Fuchs dem König, „darum muß ich jetzt in den Palast des Prinzen zurückkehren und den Empfang für die Braut vorbereiten." Und er machte sich davon.

Unterwegs erblickte der Fuchs ein schönes Haus, in dem eine alte, reiche und geizige Frau lebte. Sie war schon schwach und gebrechlich, und es fiel ihr schwer, ihren Besitz zu bewachen.

Der Fuchs täuschte Hast und Angst vor und bat um einen Spaten. „Ein Dieb kommt, ein Dieb kommt!" rief er atemlos, „ich muß mich unter der Erde verstecken!"

Da begann die alte Frau zu zittern und fiel vor Schreck tot um. Flink begrub sie der Fuchs im Garten und schmückte sogleich das Haus zum Empfang des Brautpaares.

Bald danach kam der Bettler mit der Prinzessin, ihrer Mitgift und einer Menge Hochzeitsgeschenke. Die Brautleute bezogen mit Freuden das Haus der alten Frau und lebten darin als Prinz und Prinzessin.

Eines Tages wollte der Fuchs wissen, wie es um die wahre Zuneigung seines Freundes zu ihm bestellt sei. Er hatte doch so viel Wunderbares für ihn getan! Als der Bettlerprinz am Morgen kam, stellte sich der Fuchs tot. Der Bettlerprinz vergaß sogleich,

36

wie hilfreich ihm sein Freund immer gewesen war, und sagte zu seinem Diener: „Der Fuchs ist tot. Binde einen Strick um seinen Hals, schleif ihn zum Fluß und wirf ihn hinein."

Diese grausamen Worte erschreckten den Fuchs. Er sprang auf und rief seinem Freund zu: „Du einfältiger Bettler! Wie um alle Welt konntest du etwas so Gemeines über mich sagen!"

Im Nebenzimmer hörte die Prinzessin diese Worte. Sie vermutete, daß ihr Gatte in Wahrheit nur ein Bettler sei. Gekränkt verließ sie das Haus und kehrte in den Palast ihres Vaters zurück.

Da bekam der Bettlerprinz Gewissensbisse. Weinend bat er den Fuchs um Verzeihung und schwor, nie wieder einen so dummen Fehler zu begehen. Er flehte den Fuchs an, seine Frau zurückzuholen, koste es, was es wolle. Der Fuchs ließ sich erweichen und verzieh seinem Freund. Er machte sich auf den Weg, um die Prinzessin zur Heimkehr zu überreden. Aber sie drehte sich nicht einmal um. Da rief der Fuchs laut: „So warte doch und hör mir zu, du Tochter eines Schusters!" Wütend wandte sich die Prinzessin um, schüttelte die Faust gegen den Fuchs und schrie: „Wie kannst du es wagen, einer Prinzessin solch ein Wort zu sagen!"

„Ihr wollt es nicht ertragen, wenn ich Euch Schusterstochter nenne? Warum aber habt Ihr mir geglaubt, als ich Euren Gatten einen Bettler nannte? Ich gebrauche eben solche Worte, wenn ich zornig bin. Das hat keine besondere Bedeutung!"

Da ließ sich die Prinzessin überreden und kehrte mit dem Fuchs zu ihrem Gatten zurück. Von diesem Tag an lebten alle drei glücklich miteinander, denn der Bettler hütete sich, den Fuchs zu vergrämen, der ihm so großartige Dienste geleistet hatte.

Der Rat des Schakals

Einmal vor langer Zeit lebte ein König, in dessen Land viel und oft gestohlen wurde. Niemals gelang es, einen der Diebe zu fangen. Der besorgte König entschloß sich, seine Schlafgewohnheiten zu ändern, um selber bei Nacht die Diebe zu entdecken und zu fangen.

Eines Nachts brachen vier Diebe in den Palast ein. Der König bemerkte es und war überrascht, wie leicht sie in seinen gut bewachten Palast hatten eindringen können. Er überlegte, daß sie keine gewöhnlichen Diebe sein konnten.

Also verkleidete er sich, ging geradenwegs auf die Diebe zu und fragte, wer sie seien.

Sie antworteten: „Wir sind Diebe — und wer bist du?" Der König entgegnete: „Ich bin auch ein Dieb."

In diesem Augenblick hörte man das Geheul eines Schakals. Da sagte einer der Diebe: „Nein, nein, Majestät! Ihr seid der König!" Der König staunte über dieses unheimliche Wissen und beschloß, es zu seinem Nutzen zu verwenden. Er bat die vier Diebe, ihn alle ihre Fertigkeiten zu lehren. Als Gegengabe bot er ihnen genug Gold und Silber für den Rest ihres Lebens an. Darüber waren die Diebe entzückt und erklärten sich einverstanden.

Der erste Dieb lehrte den König ein Mantra, einen beschwörenden Spruch. Dieses Mantra mußte man sprechen, während man ein Reiskorn auf einen Menschen warf, um ihn in einen langen, tiefen Schlaf zu versenken.

Der zweite lehrte den König, Reichtümer aufzuspüren, sogar wenn sie tief in der Erde vergraben waren.

38

Der dritte Dieb lehrte ihn, jedes noch so schwere Schloß zu öffnen.

Der vierte Dieb, der den König erkannt hatte, zögerte, ihn etwas zu lehren. Er sagte: „Eure Majestät, ich besitze die Gabe, die Sprache der Tiere zu verstehen. Als Ihr sagtet, Ihr wäret ein Dieb, heulte ein Schakal: ‚Der König ist bei euch, der König ist bei euch!' Ich bedaure, daß ich nicht wie meine Freunde Euch etwas lehren kann. Wenn ich Euch meine Kunst lehre, muß ich in den nächsten sieben Tagen sterben."

Für den König aber war die Gabe, die Sprache der Tiere zu verstehen, das Wichtigste. Er sagte zu dem vierten Dieb: „Wenn ich diese Sprache der Tiere verstehe, kann ich mein Land am besten regieren." Das sah der Dieb ein, aber er stellte die Bedingung, daß der König für seine ganze Familie persönlich sorgen müsse, wenn er selbst tot wäre. Der König versprach es, und der Dieb lehrte ihn, die Sprache der Tiere zu verstehen. Einige Tage danach erfuhr der König, daß der Dieb gestorben war.

Auf diese sonderbare Weise hatte der König die Künste der Diebe erlernt. Er gebrauchte sie mit Klugheit. Indem er die Diebe gut belohnte, hielt er sie von seinem Land fern, und sein Reich erlebte gute Zeiten.

Eines Tages gingen der König und die Königin im Dschungel auf die Jagd. Da erblickte der König ein Paar Hirsche, die friedlich grasten. Plötzlich gab der männliche Hirsch der Hirschkuh einen Stoß, und der König begann zu lachen. Die Königin fragte ihn, warum er denn lache. Zuerst wollte der König nicht antworten, aber dann erklärte er: „Während der Hirsch graste, hatte die Hirschkuh eine köstliche Frucht gefunden. Die wollte sie allein fressen, jedoch der Hirsch stieß sie an. Dazu sagte er: ‚Du gieriges Weibsstück, sogar die Königin teilt ihr Futter mit dem König. Du hast vergessen, die Frucht mit mir zu teilen!‘ “

Die Königin staunte über die Fähigkeit des Königs, die Sprache der Tiere zu verstehen, und wollte diese Kunst auch erlernen. Der König weigerte sich und erklärte ihr, wenn er sie dies lehre, müsse er binnen sieben Tagen sterben. Aber die Königin war starrsinnig und wollte die Kunst um jeden Preis erlernen. Als der König merkte, daß es unmöglich war, sie von der Gefahr zu überzeugen, sagte er zu ihr: „Also gut, ich will dich lehren, die Tiersprache zu verstehen.“ Plötzlich hörte er einen Schakal heulen und verstand den Ruf: „Was für ein verrückter König seid Ihr, der sein Leben hingeben will für ein dummes Weib, dem das Leben seines Gatten nichts bedeutet!“ Und der Schakal rief spöttisch: „Schaut mich an: Ich beherrsche alle meine Hündinnen mit einer Pfote. Ihr seid ein König und könnt nicht einmal ein Weib im Zaume halten! Schande über Euch!" Dann riet er dem König: „Sagt Eurer Frau, daß sie als Gegengabe für das Erlernen dieser Kunst hundert scharfe Peitschenhiebe empfangen muß. Wenn sie lernen will, muß sie die hundert Hiebe ertragen."

Der König war froh über den Rat des Schakals. Er hoffte, daß seine Frau sich weigern würde, und sagte zu ihr: „Gut, ich will dich die Tiersprache lehren. Aber wenn du lernen willst, mußt du hundert Peitschenhiebe ertragen, wie ich es tat. Sonst kann ich dich nicht lehren."

Aus Neugier stimmte die Königin zu. Als der König sie einige Male hart geschlagen hatte, bekam ihre zarte Haut Striemen, und sie schrie vor Schmerz. Warnend sagte der König: „Ich habe dir erst fünf Schläge gegeben. Du mußt noch fünfundneunzig bekommen!"

Da rief die Königin voll Angst: „Nein, mein Geliebter! Ich verzichte auf diese Kunst. Was dir gehört, gehört ja auch mir: Dein Wissen ist auch mein Wissen. Da du diese Kunst beherrschst, brauche ich sie nicht zu erlernen!"

Der König lachte in sich hinein und fragte sie mit einem sechsten, sanfteren Schlag: „Bist du wirklich sicher, daß du diese Kunst nicht erlernen willst?"

Die Königin beteuerte: „Nein, das will ich nicht, solange ich lebe!"

Der König aber dankte insgeheim dem Schakal für den klugen Rat, der ihm das Leben gerettet hatte.

Das Mahl des Sperlings

Es war einmal ein alter Sperling, der hatte schon einige Tage lang nicht mehr genug Futter gefunden. Es gab in der Nähe kaum Insekten, und auf den Feldern waren nur wenige Körner zu finden. Da entdeckte der hungrige Sperling früh am Morgen eine schöne, große, runde Erbse auf der Straße. Freudig pickte er sie auf, aber ehe er sie fressen konnte, mußte er noch sein tägliches Bad nehmen. Wohin sollte er die Erbse nur legen, während er badete? Er war ratlos.

Da sah er einen fleißigen Zimmermann, der eine Holzbrücke über den Fluß ausbesserte. Der Sperling legte die Erbse vorsichtig auf den hölzernen Brückenpfeiler und bat den Zimmermann, darauf achtzugeben. Als er von seinem Bad zurückkam, war die Erbse verschwunden. Der Sperling schaute ringsumher. Sein wertvolles Frühstück war nirgends zu sehen.

Er fragte den Zimmermann, was mit der Erbse geschehen sei. Aber der Mann nahm keine Notiz von dem kleinen Vogel. Immer wieder fragte der Sperling, wohin die Erbse verschwunden sei, die er nach so vielen Mühen gefunden hatte.

Da wurde der Zimmermann unwillig über die Störung während seiner Arbeit. Schroff antwortete er: „Ich weiß gar nichts von deiner Erbse. Hast du mich etwa bezahlt fürs Aufpassen?" Er wandte sich wieder seiner Arbeit zu und brummte ärgerlich: „Störe mich nicht mehr. Ich muß diese Brücke bis zur Ankunft des Königs fertigstellen."

Der Sperling war empört über die Nachlässigkeit und die groben Worte des Zimmermanns. Je mehr er an die leckere

Erbse dachte, desto hungriger und ärgerlicher wurde der arme kleine Vogel. Er konnte sie einfach nicht vergessen.

Da sah er einen Polizisten vorbeigehen. Er flog ihm zu und bat ihn, dem Zimmermann zu befehlen, er solle seine Erbse herbeischaffen.

Der Polizist verscheuchte den Sperling und sagte: „Du kleiner Teufel, wie kannst du mich bei meiner Arbeit unterbrechen, während ich eine Straße für den Besuch des Königs überprüfe? Wenn ich dir helfe, eine kleine Erbse zu suchen, verschwende ich meine Zeit und kann meine Arbeit nicht vollenden. Wirst du denn kommen und mir helfen, wenn ich entlassen werde?"

Da war der kleine Sperling sehr betrübt darüber, daß der Polizist, der doch den anderen helfen sollte, sich gar nichts aus ihm machte.

Der Sperling wußte keinen Rat mehr. Enttäuscht über sein Mißgeschick schaute er um sich.

Plötzlich hörte er den festen Schritt des Polizeihauptmannes, der sich der Brücke näherte. Der Sperling hielt ihn auf und bat: „O hochgeehrter Herr, hört bitte meine armselige Geschichte an!" Und er berichtete: „Ich war so hungrig, und glücklicherweise fand ich eine große Erbse. Ich bat den Zimmermann, auf sie zu achten, während ich badete, aber durch seine Nachlässigkeit verlor ich sie. Nun will er mir nicht helfen. Auch Euer Polizist wollte ihn nicht danach fragen!"

Der Polizeihauptmann wurde unwillig über das kleinliche Gejammer und ging ohne ein Wort geradeaus weiter. Der arme Vogel war entsetzt über die Art, wie die Menschen sich zu ihm benahmen: ganz ohne Rücksicht auf einen kleinen alten Sperling!

Während er noch über die Schlechtigkeit der Welt nachdachte, hörte er ein Pferd herangaloppieren. Auf ihm ritt ein Minister. Der Sperling flog zu ihm und erzählte seine ganze Geschichte. Da sagte der Minister: „Ich habe keine Zeit für dich. Ich muß die Arbeit der Polizisten und der Zimmerleute überwachen, um für die Sicherheit des Königs bei seinem Besuch zu sorgen."

Da entschloß sich der kleine Sperling, auf den König zu warten. Vielleicht würde er ihm endlich helfen, sein Frühstück wiederzufinden.

Bald darauf erschien der König, auf einem Elefanten reitend und von vielen Soldaten umgeben. Der Sperling wagte nicht, ihn aufzuhalten; er flatterte hinter ihm her und zwitscherte ihm alle seine Beschwerden vom Anfang bis zum Ende ins Ohr. Aber der König hörte nicht zu, und die Wachsoldaten scheuchten den kleinen Vogel weg.

Der Sperling war ganz niedergeschlagen über die Ungerechtigkeit der Welt. Er erkannte, daß mit Fragen und Bitten nichts zu erreichen war.

Als er die Suche nach der Erbse schon aufgeben wollte, sah er eine große schwarze Ameise gerade vor dem Festzug des Königs über die Straße kriechen. Er rief ihr zu: „Gib acht, du kleines Ding, du mußt den Elefanten des Königs aufhalten und ihn bitten, daß er den König dazu bringt, mir zu helfen. Wenn du es nicht tust, fresse ich dich!"

Die Ameise war sehr besorgt um ihre Sicherheit. Sie kletterte am Elefanten hoch und flüsterte ihm ins Ohr: „Mach, daß dein König die Bitte des kleinen Sperlings erfüllt. Wenn du es nicht tust, krieche ich in deinen Rüssel und beiße dich zu Tode!"

Erschrocken hob der Elefant seinen Rüssel und sagte zum König: „Majestät, Ihr müßt diesem kleinen Vogel helfen, sonst beißt mich die Ameise. Wenn sie es tut, muß ich mich schütteln, und Ihr könntet herunterfallen und den Hals brechen!"

Der König, der vorher gegen die Bitte des kleinen Vogels taub gewesen war, hörte nun sehr genau zu, weil es um sein Leben ging. Er befahl dem Minister, sofort gegen den Polizeihauptmann vorzugehen, der den alten Sperling vernachlässigt hatte. Wenn jener dem Sperling den Gefallen nicht täte, würde er den Minister entlassen.

Der verwirrte Minister rief den Polizeihauptmann, den Hilfspolizisten und den Zimmermann. Sie alle hatten ja den Vogel abgewiesen. Er schalt sie aus und befahl ihnen bei strenger Strafe, überall nach der Erbse zu suchen.

Alle waren betroffen, alle suchten eifrig, und schließlich wurde die verlorene Erbse in einer Ecke gefunden. So kam der kleine Sperling schließlich doch noch zu seinem Mahl.

Die Eier und der Hühnerdieb

Es war einmal eine alte Frau, die hatte eine tüchtige Legehenne. Die beiden mochten einander sehr, und die alte Frau lebte gut von den Eiern, die ihr die Henne legte.

Eines Nachts kam ein Dieb und stahl die Henne. Die alte Frau war entsetzt und weinte bitterlich.

Da fragte eines der Eier: „Großmutter, warum weinst du?"

Die alte Frau antwortete: „Eure Mutter ist in der Nacht gestohlen worden, und ich kann dem Dieb nicht nachjagen."

Die Eier versicherten ihr: „Kränke dich nicht, Großmutter, wir werden nach dem Dieb suchen!"

Als die Eier sich auf den Weg machten, sah eine Nadel an einer Straßenecke sie dahinrollen und schrie: „Meine Brüder Eier, warum seid ihr in solcher Eile? Was habt ihr vor?"

Die Eier antworteten: „Unsere Mutter ist heute nacht gestohlen worden, und unsere Großmutter ist verzweifelt. Darum suchen wir jetzt den Dieb!"

Die Nadel war voll Mitleid für sie und sagte: „Ich komme mit und helfe euch, den Dieb zu fangen!"

Die Eier und die Nadel wanderten miteinander weiter. Da trafen sie einen Kürbis. Mit mürrischer Stimme fragte er: „Wohin rennt ihr denn alle?" Als er von ihrem Kummer hörte, entschloß er sich mitzugehen und bot ihnen seine Hilfe an.

Als sie gemeinsam um die nächste Ecke liefen, sah eine Erbse die seltsame Gruppe und fragte: „Wohin lauft ihr denn so eilig?" Als sie hörte, was geschehen war, schloß sie sich den Verfolgern an.

47

Bald darauf trafen sie einen Spazierstock. Auch er bot seine Hilfe an und lief mit. Nun waren sie schon eine richtige Prozession.

Endlich kamen sie zu dem Haus, in dem sie den Dieb vermuteten. Sie berieten, was zu tun sei. Die Eier waren die Anführer. Sie beschlossen, der Kürbis solle sich auf das Dach legen, der Spazierstock an das Tor, die Erbse auf die Treppe, die Nadel ins Bett, und sie selber versteckten sich im Kohlenkessel.

Zur selben Zeit hatte der Dieb gerade die Henne verspeist. Sie war ein ausgezeichnetes Abendessen gewesen. Die Nacht war kalt, und der Dieb beugte sich nahe über den Kohlenkessel, um sich zu wärmen.

Weil das Feuer schon am Erlöschen war, blies er hinein. Da platzten die Eier im Kessel, spritzten ihm ins Gesicht und blendeten ihn. Der Dieb schlich in sein Bett, um zu schlafen, da stach ihn die Nadel in die Hinterbacken. Entsetzt rannte er aus dem Zimmer, trat auf die Erbse, fiel hin, rollte die Treppe hinunter und brach sich ein Bein. Blind und lahm hatte er nur den einen Gedanken, aus dem Haus zu fliehen. Da stolperte er über den Spazierstock auf der Schwelle und fiel flach auf den Rücken. Genau in diesem Augenblick rollte der Kürbis vom Dach und landete auf dem Bauch des Diebes mit solcher Wucht, daß dieser starb.

So war es den kleinen Eiern gelungen, sich an dem Dieb zu rächen, der ihre Mutter getötet hatte.

49

Wer ist der Stärkste?

Es waren einmal zwei sehr starke Ringkämpfer, die lebten in benachbarten Dörfern. Der eine konnte zehn Mana (zweieinhalb Kilogramm) Reis auf einmal essen. Das trug ihm den Namen „Dosmane" ein. Der Spitzname des anderen Ringers war „Noumane". Er konnte neun Mana Reis essen.

Obwohl die beiden schon voneinander gehört hatten, waren sie noch nie zusammengetroffen.

Eines Tages dachte Dosmane, sie sollten doch einmal ihre Kräfte messen. Er ging ins Nachbardorf, um Noumane zu suchen. Unterwegs rastete er bei einem Teich, und weil er so durstig war, trank er den Teich leer. Danach legte er sich zu einem Schläfchen nieder, ehe er seinen Weg fortsetzte.

Da kam ein großer Wildelefant, um zu trinken. Als er den leeren Teich sah, begriff er, daß der Mann alles ausgetrunken hatte. Voller Zorn trampelte er auf dem schlafenden Dosmane mit ganzer Kraft umher, um ihn zu töten. Der Schlafende aber dachte, Moskitos hätten ihn gestochen, und schlug um sich.

Als Dosmane erwachte, sah er zu seiner Überraschung einen großen Elefanten tot daliegen. Da wurde er ungeheuer stolz auf seine Kraft und schleppte das Tier zum Beweis seiner Stärke bis zu Noumanes Haus.

Als er dort ankam, ließ er den großen Elefanten vor dem Tor zu Boden fallen und rief eine Aufforderung zum Wettkampf hinein. Noumanes kleine Tochter öffnete. Sie wollte wissen, was für ein Insekt da liege, packte den Elefanten am Schwanz und zog ihn hinweg.

Dosmane war verblüfft. Wenn schon die Tochter so stark war, wie stark mußte erst der Vater einer solchen Tochter sein!

Trotzdem blieb er bei seinem Entschluß, einen Wettkampf mit Noumane auszutragen. Er fragte das kleine Mädchen: „Wo ist dein Vater?" Es antwortete: „Vater ist in den Dschungel gegangen, um hundert Mound (etwa 2500 Kilogramm) Brennholz zu holen."

Dosmane lief in den Wald, um Noumane zu suchen. Wie das Mädchen gesagt hatte, trug Noumane hundert Mound Holz auf seinen Schultern. Dosmane stellte sich ihm vor und lud ihn zu einer Kraftprobe ein.

Weil beide Ringer auf einen Wettkampf versessen waren, kämpften sie mit ihrer ganzen Kraft. Während des Kampfes zertraten sie hohe Bäume, und die Tiere stoben in alle Richtungen davon.

Zur selben Zeit weidete eine alte Frau mit ihrer Tochter im nahen Wald hundert Kamele. Die Mutter beobachtete den wilden Kampf der beiden Ringer und befahl der Tochter, alle Kamele heimzutreiben. Sie selbst wollte versuchen, die Kämpfer zu trennen.

Die Tochter wickelte die Kamele in ein Tuch und trug sie auf den Schultern heim.

Die alte Frau bat die Ringer: „Meine lieben Söhne, kämpft doch nicht so wild! Ihr verwüstet den ganzen Wald und stört meine Kamele auf der Wiese!" Aber die beiden konnten nicht aufhören zu kämpfen, weil noch nicht feststand, wer der Stärkere war.

Da wurde die alte Frau wütend. Sie trat zwischen die beiden, packte jeden an einem Arm und schleuderte sie zur Seite. Krachend stürzten die Kämpfer zu Boden.

Die Tochter der Alten, die auf ihren Schultern hundert Kamele trug, erschrak bei dem Lärm und lief davon, so schnell sie konnte.

Ein Adler hoch oben in der Luft hatte ihre Last erblickt. Er stieß herunter, packte das Bündel mit den hundert Kamelen und trug es in die Höhe. Während der Adler mit seiner Last über den Königspalast flog, bemerkten ihn die Königstochter und ihr Gefolge. Alle schrien laut auf — und der erschrockene Adler ließ das Bündel fallen. Es fiel ins Auge der Prinzessin. Sie rieb sich die Augen, und weil sie das Bündel nicht entfernen konnte, bat sie ihren Freund, das Auge zu untersuchen. Er öffnete das Auge weit und blies mit solcher Kraft hinein, daß das Bündel mit den hundert Kamelen hoch in die Lüfte flog, wo es für immer verschwand.

52

Zwei gute Freunde

Einst lebten in einem Dorf zwei gute Freunde. Alles, was sie taten, taten sie gemeinsam. Sie arbeiteten am selben Platz, aßen mitsammen, und wo immer sie gingen, gingen sie Arm in Arm. Jedermann im Dorf bewunderte ihre Freundschaft und stellte sie den anderen jungen Männern als Beispiel vor. Auch die beiden waren sehr stolz auf ihre Freundschaft. Sie gelobten, sich während ihres ganzen Lebens nicht zu trennen. Ja sie versprachen einander sogar, gemeinsam zu sterben.

Eines Tages beschlossen die beiden jungen Männer, sich auf eine Geschäftsreise zu begeben. Sie sagten ihren Familien Lebewohl und gingen davon.

Unterwegs mußten sie einen dunklen, unheimlichen Wald durchqueren. Sie wanderten wie gewöhnlich Arm in Arm. Plötzlich erblickten sie einen großen schwarzen Bären auf dem Weg. Ohne ein Wort zu verlieren, löste der eine junge Mann seinen Arm von dem des Gefährten und kletterte auf einen nahen Baum. Der andere war nicht sehr geschickt im Klettern. Er bat seinen Freund, ihn in die Baumkrone hinaufzuziehen. Aber der Freund war zu sehr erschrocken und hatte nicht den Mut, hinunterzuklettern und ihn zu retten.

Der junge Mann unter dem Baum war bestürzt. Als der Bär sich ihm näherte, warf er sich auf den Boden und versteckte seinen Kopf in den Armen. Er hielt den Atem an und stellte sich tot. Der Bär kam ganz nahe heran, beschnupperte ihn, hielt ihn für einen Leichnam, ließ ihn liegen und tappte davon.

Der Freund beobachtete den Vorfall aus seinem sicheren

53

Versteck in der Baumkrone. Er war nicht wenig erstaunt über das Verhalten des Bären. Als er sich sicher genug fühlte, kam er herunter und fragte seinen Freund: „Hat der Bär dir etwas zugeflüstert?"

Zornig richtete der andere sich auf und antwortete keuchend: „Ja, der Bär hat mir etwas gesagt. Er hat mich davor gewarnt, mit einem Feigling wie dir Freundschaft zu schließen!" Da war der Freund beschämt.

Der andere junge Mann aber beschloß, seinen feigen Gefährten zu verlassen und in sein Dorf zurückzukehren.

Der gute und der böse Nachbar

In einem Dorf in Tibet lebten zwei ungleiche Nachbarn. Der eine war sehr reich, aber böse und habgierig. Der andere war sehr arm, aber ehrlich und hilfsbereit.

Einmal bauten zwei Sperlinge ihr Nest oberhalb des Fensters im Haus des armen Mannes und legten ihre Eier hinein. Nach Tagen waren die Eier ausgebrütet, und die Sperlingseltern mußten für ihre Kinder auf Futtersuche fliegen.

Da fiel an einem Morgen ein Junges aus dem Nest und brach sich ein Bein. Zum Glück rettete es der arme Nachbar, schiente ihm das Beinchen und setzte das Junge vorsichtig ins Nest zurück.

Der Sperling wurde gesund und wuchs heran. Als er groß war, kehrte er mit Körnern im Schnabel zu dem Armen zurück, um ihm zu danken. Er riet dem Mann, die Körner in seinem Hof auszusäen und zu warten, was daraus würde. Der Arme säte die Körner aus und dachte nicht mehr daran.

Wie überrascht war er, als einige Wochen später statt des Weizens auf den Halmen wertvolle Edelsteine erschienen! Nun war der arme Mann plötzlich sehr reich.

Sein reicher Nachbar wurde neidisch und neugierig: Was konnte nur zu diesem Glückswechsel geführt haben? Er lud den Ehrlichen zum Essen ein und fragte ihn nach dem Geheimnis seines Reichtums. Bereitwillig erzählte ihm der ehrliche Mann den Vorfall.

Wenn es so einfach ist, reich zu werden, wird es mir gelingen, noch reicher zu werden! überlegte der habgierige Nachbar.

Zufällig nistete auch an seinem Haus eine Sperlingsfamilie. Er lehnte sich aus dem Fenster, ergriff einen Jungvogel und ließ ihn zu Boden fallen, sodaß er ein Bein brach. Sogleich rannte der Habgierige hinunter, verband das Beinchen und setzte den kleinen Vogel zurück in das Nest. Dann wartete er auf die Belohnung.

Wie er erhofft hatte, brachte der flügge gewordene Vogel nach einigen Wochen einige Körner, und der Habgierige säte sie in seinem Garten aus. Aber als die Saat aufging, entfaltete sich zu seinem Schrecken aus einem Halm anstatt der Edelsteine ein unheimliches Wesen mit einem Bündel Papier unter dem Arm.

Der sonderbare Fremde befahl barsch: „Jetzt müßt Ihr mir alle Schulden zurückzahlen, die Ihr in Eurem früheren Leben gemacht habt!" Und zum Beweis hielt er dem Habgierigen das Bündel Schuldscheine hin. Da mußte der reiche Geizhals all seinen Besitz verkaufen, um die Schulden zu bezahlen.

Nach diesem Vorfall begann der Habgierige den ehrlichen Nachbarn mehr und mehr zu hassen. Der Ehrliche aber hatte alle Streitigkeiten von früher vergessen.

Eines Tages bat der Ehrliche seinen Nachbarn, einen Beutel mit Gold zu bewachen, weil er eine Reise antreten mußte. Da überkam den Habgierigen die Lust, seinen ehrlichen Nachbarn zu betrügen.

Als der Ehrliche zurückkam, fand er statt des Goldes Sand in seinem Beutel. Der Habgierige beteuerte, das ihm anvertraute Gold habe sich in Sand verwandelt. Ohne zu streiten, ging der ehrliche Nachbar heim.

Viele Tage vergingen. Immer noch hielt der Ehrliche Frieden mit seinem Nachbarn. Da mußte der Habgierige für einige Tage in ein anderes Dorf reisen. Er beschloß, seinen kleinen

Sohn dem ehrlichen Nachbarn anzuvertrauen, und er versicherte, auch er habe die alten Streitigkeiten vergessen.

Da beschloß der ehrliche Nachbar, ihm eine Lehre zu erteilen. Er zähmte einen kleinen Affen und lehrte ihn sprechen: „Vater, Vater, ich bin dein Sohn!"

Als der Habgierige heimkehrte, fragte er: „Wo ist mein Sohn?"

„Im Schlafzimmer", antwortete der ehrliche Nachbar. Der Habgierige öffnete die Tür und erschrak, als er einen Affen aus der Ecke schreien hörte: „Vater, Vater, ich bin dein Sohn!"

Zornig verlangte der Habgierige seinen Sohn zurück.

Aber der ehrliche Nachbar sagte ruhig: „Das ist dein Sohn — er hat sich in einen Affen verwandelt!"

Da erinnerte sich der Habgierige an seinen Betrug. Er bat den ehrlichen Nachbarn, ihm seinen Sohn zurückzugeben. Er versprach auch, den Beutel mit Gold herbeizuschaffen, den er ihm gestohlen hatte. Und er schwor, nie mehr irgendeinen Menschen zu betrügen.

Kesha Chandra

Es war einmal ein junger Mann, der hieß Kesha Chandra. Er war sehr reich, aber er liebte das Glücksspiel. Nach und nach verspielte er seinen ganzen Reichtum und mußte schließlich als Armer leben.

Er hatte eine Schwester, die mit einem reichen Mann in Thahity verheiratet war.

Eines Tages, als Kesha Chandra sehr hungrig war und nichts mehr zu essen hatte, ging er zum Haus seiner Schwester. Sie freute sich sehr, ihren Bruder zu sehen, und bewirtete ihn aus einer goldenen Schüssel.

Kesha Chandra, der schon lange nicht mehr beim Glücksspiel gewesen war, weil er kein Geld hatte, geriet in Versuchung, als er die goldene Schüssel sah. Als die Schwester nach dem Essen das Zimmer verließ, stahl er sich mit der Schüssel aus dem Haus. Vielleicht kann ich beim Glücksspiel gewinnen und das wertvolle Stück zurückbringen, dachte er. Aber er gewann nicht.

Als er abermals seine Schwester besuchte, bot sie ihm Speisen auf einem Silberteller an. Wiederum konnte Kesha, der Spieler, der Lockung nicht widerstehen. Er stahl den silbernen Teller. Wieder hoffte er auf Glück im Spiel, aber er verspielte auch diesmal. Da begann Kesha Chandra sich seiner Diebstähle zu schämen und sich über sein Unglück zu kränken. Er beschloß das Spielen für immer aufzugeben und ging zu seiner Schwester, um Verzeihung zu erbitten.

Sie verzieh ihm zwar, aber sie machte sich Sorgen wegen Keshas Leichtsinn. Eigentlich sollte ich ihm eine Lehre erteilen, dachte sie. Ehe sie ihm diesmal das Essen auftrug, wusch sie den Boden. Dann richtete sie die Speisen auf dem Boden statt auf Tellern an. Kesha Chandra ertrug diese Demütigung nicht. Tränen stiegen ihm in die Augen, er hüllte die Speisen in ein Tuch und verließ das Haus seiner Schwester.

Auf einem einsamen Platz ließ er sich nieder, um zu essen. Er war sehr hungrig, aber sooft er die Speisen ansah, erinnerte er sich an seine Schande und brachte keinen Bissen hinunter. Wegwerfen konnte er sie jedoch auch nicht, denn er sah jede Nahrung als eine Gabe Gottes an.

Tage vergingen, und immer noch hatte Kesha Chandra die Speisen aufbewahrt. Als er seinen Hunger nicht mehr bezähmen konnte, entschloß er sich, zu essen. Aber die Speisen waren feucht geworden. Er breitete sie auf einem großen, flachen Felsen aus, um sie in der Sonne zu trocknen. Vor Hunger war Kesha Chandra schon so schwach, daß er einschlief. Da kam ein Schwarm Tauben und pickte alles Eßbare auf. Als Kesha Chandra erwachte und sah, daß alles verschwunden war, weinte er vor Hunger und Enttäuschung über sein Mißgeschick. Erschöpft schlief er wieder ein.

Da hatte der König der Tauben Mitleid mit dem jungen Mann und sagte zu seinen Tieren: „Dieser Mensch ist sehr elend und arm. Ihr habt all sein Futter gegessen: das ist unrecht! Fliegt zu dem Felsen zurück und bringt ihm Gold!"

Die Vögel gehorchten, und als Kesha Chandra erwachte, fand er zu seiner Überraschung auf dem Felsen, auf dem seine Speisen gelegen waren, hellglänzende Goldstücke.

Er konnte zunächst gar nicht an den plötzlichen Glücksfall glauben. Außer sich vor Freude sammelte er die Goldbrocken ein. Sie waren so schwer, daß er sie gar nicht forttragen konnte. Was sollte er nur tun?

Da fühlte er, wie der Boden erzitterte. Das war ein Vorzeichen, daß der Riese Gurumappa kam — ein weithin gefürchteter Koloß mit großen Augen, geblähten Nüstern und scharfen Reißzähnen. Sein Haar hing lang und zottig herab. Der Riese kam heran, leckte sich die Lippen und brüllte: „Schon lange habe ich nicht mehr das warme Fleisch und Blut eines Menschen genossen. Heute ist ein Glückstag für mich: Gleich werde ich dich auffressen!"

Ohne Angst zu zeigen, antwortete Kesha Chandra: „O mein lieber Onkel, ich bin doch Euer Neffe! Wie könntet Ihr mich fressen?" Der schwachköpfige Riese war verwirrt über diese neue Verwandtschaft. Und Kesha Chandra fuhr fort: „Selbst wenn Ihr mich jetzt freßt, werdet Ihr nur eine kurze Weile satt sein. Seht, ich habe eben jetzt große Reichtümer erhalten, und wenn Ihr mir helft, sie heimzutragen, werde ich Euch jeden Tag das warme Fleisch eines ganzen Büffels und einen Berg Reis dazu liefern."

Bei dieser Aussicht erklärte sich Gurumappa einverstanden, das Gold wegzuschaffen, und folgte Kesha Chandra.

Alle waren glücklich über Kesha Chandras Heimkehr. Er ließ einen goldenen Palast erbauen und wurde der König des kleinen Reiches Itumbal. Auch der Riese Gurumappa lebte in Saus und Braus. Er hatte ja täglich sein reiches Büffelmahl und einen Berg von Reis dazu.

Aber nach längerer Zeit wendete sich das Glück. Mütter, deren Kinder zu oft schrien oder schlimm waren, gewöhnten sich an, sie mit dem Ruf zu erschrecken: „Gleich kommt Gurumappa und holt dieses garstige Kind!"

Gurumappa nahm diese Drohungen wörtlich und entführte die weinenden Kleinen aus den Häusern. Als immer mehr Kinder aus der Gegend verschwanden, baten die Einwohner Kesha Chandra, sie von dem Riesen recht bald zu befreien.

Kesha Chandra sagte zu Gurumappa: „Hier kannst du nicht länger bleiben! Alle Leute fürchten sich vor dir und sperren ihre Kinder ein. Aber ich mache dir einen Vorschlag: Ich schenke dir ein Haus in Tundikhel, am Rande der Stadt, wo du, wie versprochen, dein tägliches Mahl erhalten sollst."

Gurumappa war einverstanden. Aber bald hatte er das tatenlose Dasein satt und klagte Kesha Chandra, sein Leben sei

62

sehr langweilig. Kesha Chandra gab dem Riesen den Auftrag, drei Steine, die er auf der Erde von Tundikhel finden würde, in Schichten zu spalten. So hatte Gurumappa seinen Zeitvertreib, und Kesha Chandra konnte mit seinem Volk glücklich weiterleben.

Bis zum heutigen Tag sind abergläubische Leute überzeugt, daß drei Steine, die sie bei Tundikhel auf den Boden legen, am folgenden Tag von Gurumappa gespalten sein werden. Und die Einwohner von Itumbal opfern noch immer einmal im Jahr dem Riesen Gurumappa einen Büffel und einen Berg Reis.

Inhalt

Warum der Fasan rote Augen hat 5

Eselstränen bringen Regen 9

Die Geschichte vom Goldfasan 13

Die Affenprinzessin 15

Der Fuchs, der den Priester rettete 20

Der schlaue Schakal 24

Die Hochzeit des Rattenjünglings 30

Der Fuchs und der Bettler 33

Der Rat des Schakals 38

Das Mahl des Sperlings 43

Die Eier und der Hühnerdieb 47

Wer ist der Stärkste? 50

Zwei gute Freunde 53

Der gute und der böse Nachbar 55

Kesha Chandra 59